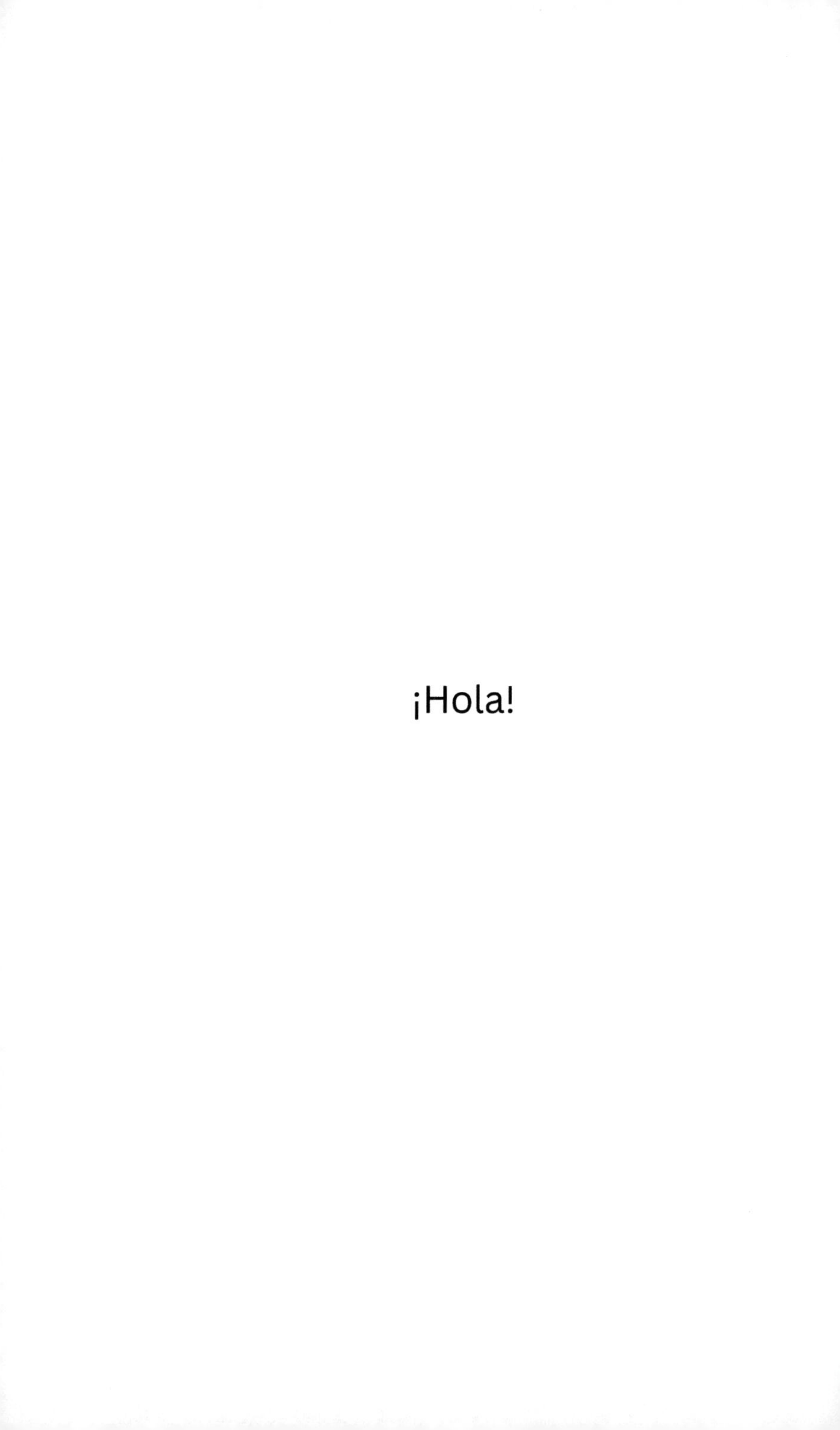
¡Hola!

Ser honesto es bueno

Rey - King | Hacha - Axe

vive = 3rd person singular of the verb "vivir" (to live). This is in the present indicative tense. In Spanish, verbs are conjugated according to the subject. Here, "vive" refers to the action of living performed by Pedro.
Es = 3rd person singular of the verb "ser" (to be). Used here to indicate profession or inherent characteristics.Help Text: "Ser" is one of the two verbs in Spanish that means "to be." It's used for permanent or lasting attributes, like professions.
va = 3rd person singular of the verb "ir" (to go). This is in the present indicative tense. The verb "ir" means "to go." Here, "va" indicates Pedro's action of going to the forest every day.
cortar = infinitive form of the verb meaning "to cut." In Spanish, verbs in their base form (like "to cut" in English) end in -ar, -er, or -ir. "Cortar" is an -ar verb.
llevar = infinitive form of the verb meaning "to carry" or "to bring.". "Llevar" can mean "to carry" or "to bring." In this context, it means bringing wood to his house.
es = 3rd person singular of the verb "ser" (to be). Used here to indicate the inherent importance of something. Again, "ser" is used to describe inherent characteristics. Here, it emphasizes the importance of the firewood.
cocinan = 3rd person plural of the verb "cocinar" (to cook). This is in the present indicative tense. The ending "-an" indicates the third person plural form for -ar verbs. This means they (Pedro and his family) cook using the wood.
calientan = 3rd person plural of the verb "calentar" (to heat/warm up). This is in the present indicative tense. "Calentar" means "to heat" or "to warm up." The ending "-an" again indicates the action is being done by a group (Pedro's family).

Pedro vive en un pueblo pequeño.
Es un lenador.

Todos los días, va al bosque para cortar árboles y llevar leña a su casa.

La leña es muy importante para Pedro y su familia.

Con ella, cocinan y calientan su hogar.

Pueblo - Village, Lenador - Woodcutter bosque - Forest, arboles - trees, cocinan - cook, calientan - to heat

- **corta** = 3rd person singular of the verb "cortar" (to cut) in the present indicative tense.
    - The verb "cortar" in this form refers to an ongoing action performed by Pedro. In English, it's like saying "while Pedro is cutting."
- **cae** = 3rd person singular of the verb "caer" (to fall) in the present indicative tense.
    - The verb "caer" means "to fall." Here, the action of the axe falling into the water is described.
- **intenta** = 3rd person singular of the verb "intentar" (to try) in the present indicative tense.
    - "Intentar" means "to try." Pedro is attempting to grab his axe.
- **agarrarla** = infinitive form of the verb "agarrar" (to grab) + direct object pronoun "la" (it, referring to the axe).
    - "Agarrar" means "to grab." The "la" at the end is a direct object pronoun referring to the axe.
- **lleva** = 3rd person singular of the verb "llevar" (to carry or take away) in the present indicative tense.
    - The verb "llevar" can mean "to carry" or "to take." The river is taking the axe away.
- **piensa** = 3rd person singular of the verb "pensar" (to think) in the present indicative tense.
    - "Pensar" means "to think." Here, Pedro is contemplating what action to take.
- **escucha** = 3rd person singular of the verb "escuchar" (to listen) in the present indicative tense.
    - "Escuchar" means "to listen." Pedro hears the sound of horses.
- **acerca** = 3rd person singular reflexive form of the verb "acercarse" (to approach/get closer).
    - "Acercarse" is a reflexive verb meaning "to approach" or "to get closer." Here, the king approaches Pedro.

Un día, mientras Pedro corta un árbol cerca del río, algo malo pasa.

¡Su hacha cae al agua!

Pedro intenta agarrarla, pero el río se la lleva rápido.

Pedro se sienta en la orilla.

Está triste y preocupado.

Sin su hacha, no puede trabajar.

Mientras Pedro piensa en qué hacer, escucha ruido de caballos.

Es el rey del país con sus soldados. El rey ve a Pedro y se acerca.

---

mientras - while, cerca - near, cae - lost, agarrar - grab, lleva - flow, orilla - bank, preocupado - worried, piensa - think, escucha - listen, ruido - sound, caballo - horse, soldado - soldiers

- **estás** = 2nd person singular of the verb "estar" (to be) in the present indicative tense.
  - "Estar" is one of the verbs in Spanish that means "to be" and it's often used for temporary states or emotions. Here, it's inquiring about Pedro's emotional state.
- **pregunta** = 3rd person singular of the verb "preguntar" (to ask) in the present indicative tense.
  - "Preguntar" means "to ask." Here, the king is asking a question.
- **responde** = 3rd person singular of the verb "responder" (to answer) in the present indicative tense.
  - "Responder" means "to answer." In this context, Pedro is giving a reply to the king's question.
- **cayó** = 3rd person singular of the verb "caer" (to fall) in the preterite (past) tense.
  - The verb "caer" in its past form "cayó" indicates a completed action. Pedro's axe has already fallen into the river.
- **quiere** = 3rd person singular of the verb "querer" (to want) in the present indicative tense.
  - "Querer" means "to want." The king wants to assist or help Pedro in this situation.
- **manda** = 3rd person singular of the verb "mandar" (to send/order) in the present indicative tense.
  - "Mandar" can mean "to send" or "to order." Here, the king is giving an order to one of his soldiers to go to the river.

"¿Por qué estás triste?", pregunta el rey.

Pedro responde: "Mi hacha cayó al río y no puedo trabajar sin ella."

El rey quiere ayudar. Manda a uno de sus soldados al río.

---

triste - sad, pregunta - questionned, trabajar - work, ayudar - help, manda - ordered

- es = 3rd person singular of the verb "ser" (to be) in the present indicative tense.
  - "Ser" is used here to describe inherent characteristics. The sentence indicates that the soldier is a good swimmer by nature or by training.
- **sale** = 3rd person singular of the verb "salir" (to exit/leave) in the present indicative tense.
  - "Salir" means "to exit" or "to leave." In this context, the soldier is emerging or coming out of the river.
- **brillante** = Adjective that means "shining" or "sparkling."
  - Adjectives in Spanish generally come before the noun they modify. Here, "brillante" is describing the golden axe's shiny quality.
- **reluciente** = Adjective that means "gleaming" or "shining."
  - Similar to "brillante," the adjective "reluciente" describes the shining quality of the axe, but it implies a more gleaming or radiant shine.
- **tercera** = Feminine form of the ordinal number "tercero" meaning "third."
  - In Spanish, ordinal numbers agree in gender with the noun they modify. "Hacha" is feminine, so "tercera" is used.

El soldado es buen nadador.

Después de un rato, el soldado sale del río con tres hachas:

una brillante de oro,

otra reluciente de plata y

la tercera de hierro, que es la de Pedro.

---

nadador - swimmers, despues - after, rato - moment, sale - exit, oro - gold, plata - silver, hiero - iron

- mira = 3rd person singular of the verb "mirar" (to look) in the present indicative tense.
  - "Mirar" means "to look." Here, Pedro is looking at the axes presented to him.
- **sonríe** = 3rd person singular of the verb "sonreír" (to smile) in the present indicative tense.
  - "Sonreír" means "to smile." The king is expressing his approval or pleasure with a smile.
- **dice** = 3rd person singular of the verb "decir" (to say) in the present indicative tense.
  - Once again, "decir" means "to say." The king is conveying his thoughts.
- **puedes** = 2nd person singular of the verb "poder" (can/to be able to) in the present indicative tense.
  - "Poder" is used to indicate ability or permission. The king is giving Pedro permission to keep all three axes.
- **agradece** = 3rd person singular of the verb "agradecer" (to thank) in the present indicative tense.
  - "Agradecer" means "to thank." Pedro is expressing his gratitude to the king.
- **olvidaré** = 1st person singular of the verb "olvidar" (to forget) in the future indicative tense.
  - The future tense of "olvidar" is used to indicate an action that will happen in the future. Pedro is saying he will not forget the king's kindness.

Pedro mira y dice: "La de hierro es la mía."

El rey sonríe y dice: "Por ser honesto, puedes quedarte con las tres hachas."

Pedro está sorprendido y feliz.

Agradece al rey: "¡Gracias! No olvidaré su bondad."

---

mira - looked, dice - said, mia - mine, sonrie - smiled, quedar - stay/keep, sorprendido - surprised, feliz - happy, agradece - thanked, olvidar - forget, bondad - goodness

- vuelve = 3rd person singular of the verb "volver" (to return) in the present indicative tense.
  - "Volver" means "to return." Here, Pedro is going back or returning to his village with the three axes.
- **puede** = 3rd person singular of the verb "poder" (can/to be able to) in the present indicative tense.
  - "Poder" indicates ability. In this context, it means that Pedro is now able to work more.
- **trabajar** = infinitive form of the verb meaning "to work."
  - Infinitive verbs are the base form, similar to English verbs like "to work," "to read," etc.
- **ayudar** = infinitive form of the verb meaning "to help."
  - The infinitive form "ayudar" indicates the action of helping others.
- **hablan** = 3rd person plural of the verb "hablar" (to talk) in the present indicative tense.
  - "Hablar" means "to talk." The verb in this form means that everyone in the village is talking or speaking about something.
- **aprenden** = 3rd person plural of the verb "aprender" (to learn) in the present indicative tense.
  - "Aprender" means "to learn." Here, it indicates that the children are learning a lesson or a value.
- **decir** = infinitive form of the verb meaning "to say" or "to tell."
  - "Decir" in this form indicates the action of saying or telling something, specifically the truth in this context.

Con las tres hachas, Pedro vuelve a su pueblo.

Ahora puede trabajar más y ayudar a otros.

Todos en el pueblo hablan de la bondad del rey y de la honestidad de Pedro.

Los niños aprenden que siempre es bueno decir la verdad.

---

vuelve - returned, hablan - they spoke, aprender - learn, siempre - always, decir - speak, verdad - truth

¡Vamos!

Veamos si hemos entendido todo

En Mas Detalle

Pedro vive en un pueblo llamado Solana. Solana es un lugar lleno de árboles verdes, casas coloridas y un río brillante que lo cruza. Este río tiene peces y a veces, los niños juegan en sus orillas.

Pedro es un leñador, conocido por todos en Solana. Es un hombre alto, con manos fuertes y siempre lleva una gorra azul. Cada día, Pedro toma su hacha, saluda a su gato Tomás, y camina al bosque. Su trabajo es cortar árboles y traer leña para su casa y para sus vecinos. Esta leña es muy valiosa en Solana, ya que con ella, las familias cocinan sus alimentos y calientan sus hogares en noches frías.

Un día soleado, Pedro va al bosque, cerca del río. El agua del río brilla con el sol. Mientras corta un árbol grande, escucha el canto de un pájaro. Pero, de pronto, ¡zaz!, su hacha resbala de sus manos y cae al río. Pedro se asusta y corre hacia el río, pero el agua ya ha llevado el hacha muy lejos. Ahora, Pedro está triste y se sienta en una piedra grande junto al río. Sin su hacha, piensa, no podrá trabajar ni traer leña para su familia.

Mientras Pedro está sentado, con la mirada perdida en el agua, escucha el sonido de caballos acercándose. Voltea y ve a un grupo de personas. En el centro, hay un hombre con ropa brillante. ¡Es el rey del país con sus soldados! El rey, llamado Alberto, es un hombre amable que a veces visita los pueblos de su reino.

El rey Alberto ve a Pedro y decide acercarse. "Hola, buen hombre, ¿por qué te ves tan triste?", pregunta con voz suave.

Pedro, sorprendido, responde: "Saludos, majestad. Mi hacha cayó al río y sin ella no puedo trabajar."

El rey Alberto piensa un momento y luego tiene una idea. Le pide a uno de sus soldados, un joven llamado Diego, que busque en el río.

Diego, que es un excelente nadador, se zambulle en el agua y después de unos minutos, regresa con tres hachas: una brillante como el oro, otra que brilla como la plata y una última, sencilla, de hierro.

El rey muestra las hachas a Pedro y pregunta: "¿Cuál de estas hachas es la tuya?"

Pedro mira las hachas detenidamente. Señala la de hierro y dice: "Esa hacha de hierro es mía, majestad."

El rey Alberto sonríe con alegría. "Por tu honestidad", dice, "te regalo las tres hachas. La verdad es un tesoro más valioso que el oro o la plata."

Pedro se siente muy agradecido. "¡Muchas gracias, rey Alberto! Nunca olvidaré este día ni tu bondad."

Con las tres hachas, Pedro regresa a Solana.

El pueblo entero se reúne alrededor de él, escuchando su increíble historia.

Ahora, con tres hachas, Pedro puede trabajar el triple y ayuda a muchas más familias con leña.

En Solana, la historia del rey generoso y el leñador honesto se convierte en una leyenda.

Todos, especialmente los niños, aprenden una lección valiosa: siempre es importante ser honesto y decir la verdad.

Vocabulario Ilustrado
(Illustrated Vocabulary)

Pueblo (village)

Hacha (axe)

Leñador (woodcutter)

Bosque (forest)

Rio (river)

Soldados (soldiers)

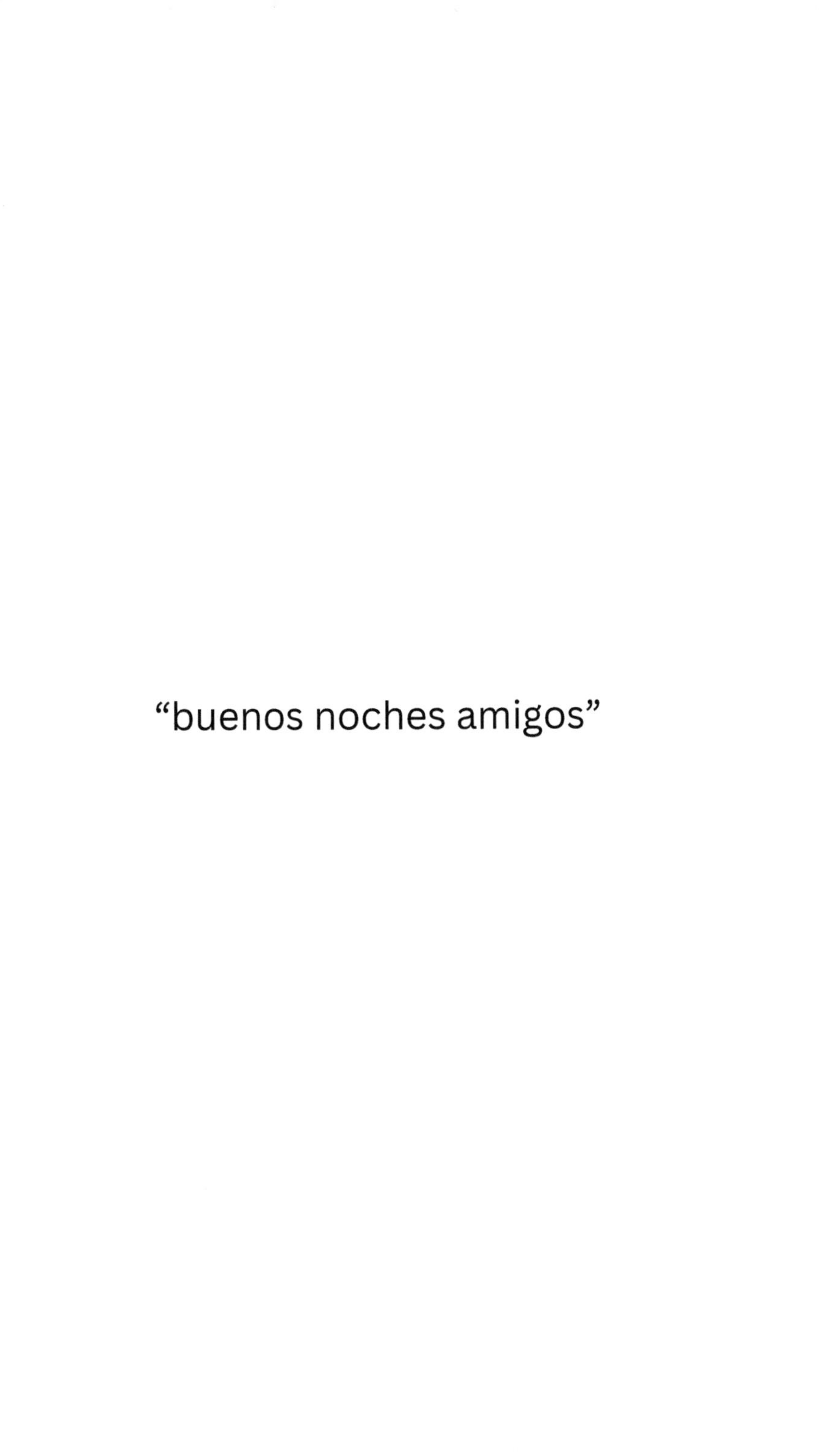

“buenos noches amigos”

www.ingramcontent.com/pod-product-compliance
Lightning Source LLC
LaVergne TN
LVHW021325160826
845679LV00001B/469

* 9 7 9 8 8 9 1 3 3 5 8 1 3 *